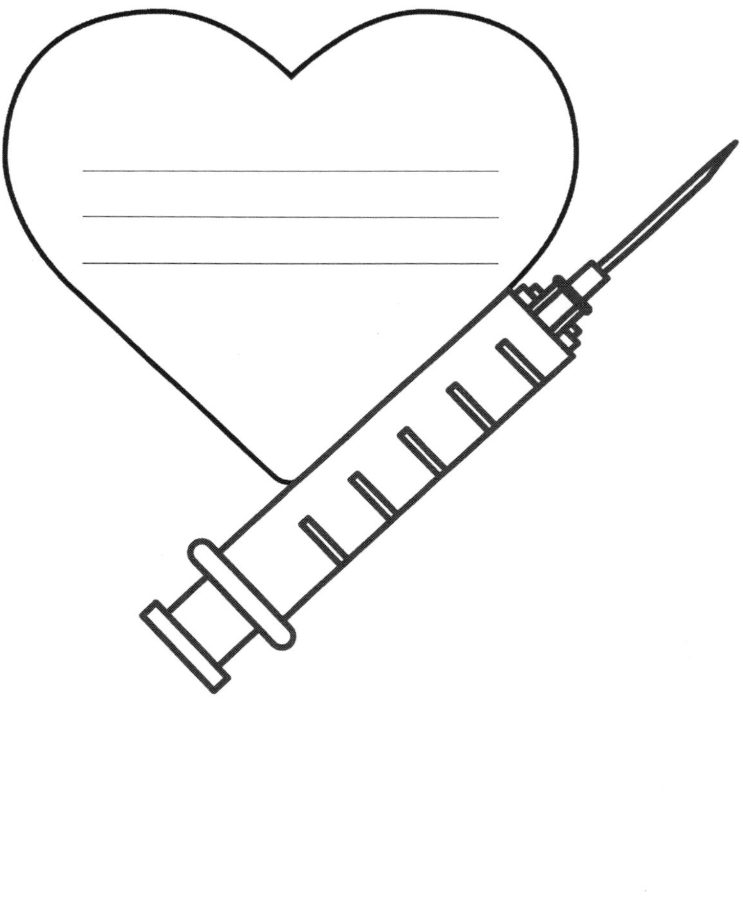

Made in the USA
Coppell, TX
22 September 2023

21894995R00070